·CRAPAUDS·
ET AUTRES ANIMAUX

Les éditions La courte échelle,
4611 rue St-Denis, Montréal, H2J 2L4.
Conception graphique: Marie-Louise Gay
Dépôt légal, 3e trimestre 1981,
Bibliothèque nationale du Québec.

·LE CRAPAUD·

L'autre jour dans la rue
J'ai vu de mes yeux vu
Tout joyeux sur un tricycle
Deux crapauds pas trop gros
Et un drôle de moustique.

Je leur ai demandé
Même si j'avais un peu peur...
«Vous faites une balade?»
Mais ils m'ont répondu:
«On est un peu perdu
On cherche un dépanneur
Pour acheter de la limonade
Voudrais-tu nous aider?»

Je leur ai expliqué le chemin
Je n'avais plus du tout peur...
Le drôle de p'tit moustique
S'est posé sur mon nez
Pour me donner un baiser
Aie!Ça pique!

Francine Tougas

Suzanne Duranceau

·LE LOUP·

On voit des loups partout
Dans les contes d'enfants
Loups pas gentils du tout
Avec de grandes dents.
Pourtant les loups sont doux
Pourtant les loups sont bons
Comme les caribous
Qu'ils suivent à l'unisson.

On voit des loups partout
Dans des cages d'acier
Des loups bien marabouts
Privés de liberté.
Pourtant les loups sont doux
Pourtant les loups sont beaux
Toutefois comme nous
N'aiment pas les barreaux.

Jean-Pierre Lefebvre

Madeleine Morin

·LA SAUTERELLE·

Geneviève confie tous ses secrets d'amour
Aux belles bibites qui habitent avec elle
Dans les cheveux verts de la planète.
«Sauterelle! Sauterelle!
Viens faire un saut dans mon bocal
Où je t'ai préparé un régal de pétales!»
Hop! Hop! Gudule la grande sauterelle en espadrilles
Saute plus loin dans les foins de juin
Dans les herbes sucrées
Jusqu'aux foins du mois d'août
Où se lève la lune rouge des amours.
Hop! Hop! Gudule la grande sauterelle à mandibules
Frotte ses ailes sur sa cuisse à musique
Sur sa cuisse à crécelle
Dans les soirs du mois d'août
Où Geneviève écoute les secrets de l'amour
Des belles bibites qui habitent avec elle
Dans les cheveux verts de la planète.

Suzanne Jacob

Pierre Durand

·LE ZÈBRE·

A ZANZIBAR
Dans la ZONE
Quand le ZÉPHYR est au ZÉNITH du ZODIAQUE
ZUT ZÉRO le ZAZOU
Un ZIGOTO qui ZÉZAYE avec ZÈLE
Danse comme un ZOMBI
Un ZESTE de ZIGUE
En habit ZOOTÉ
ZÉBRÉ en ZIGZAG
En ZIEUTANT les autres ZÈBRES du ZOO
Sans semer la ZIZANIE
De peur d'être ZIGOUILLÉ
Comme un ZOZO!

Mouffe

Johanne Pépin

·LE RAT·

Dans la nuit étoilée
Quel est ce bruit?
i,i,i,i,...
C'est la poulie
Hi! Hi! Hi!
Qu'actionne l'ingénieux rat
Ah! Ah! Ah!
Pour attraper
Eh! Eh!
Le fromage qui marche.

Monsieur le savant!
— Han?
Votre brillant cerveau
Vous aura ce beau cadeau.
— Ooooooooh!
Mais hélas! hélas!
Vous finirez malgré tout
— Où???
Sous la griffe du chat...
— Haaaaa!!!

Louisette Dussault

Yvan Adam

·LA POULE·

Ma cocotte s'appelle Charlotte
Elle ne met pas de culotte
Elle dit que ce serait niaiseux
Puisqu'elle doit pondre des œufs.

Charlotte n'est vraiment pas sotte
Elle dort sur une patte, une seule.
«Ne me prenez pas pour une idiote
En levant les deux, je me casserais la gueule!»

Charlotte a la chair de poule
Elle claque des dents et son nez coule
Elle a bien trop mangé de peanuts
Voilà Charlotte avec la picotte,
Pauvre Charlotte!

Pierre Foglia

Geneviève Jost

·LE BÉLIER·

Trouvez-vous que votre chat
Devrait être un peu plus gras
Et même un peu plus frisé
Avec des cornes près du nez.

Rêvez-vous d'un gros mouton
Qui aurait l'air d'un bison
Portant des souliers de chèvre
Et un blouson couleur de lièvre.

Ce drôle d'oiseau que vous cherchez
Eh bien! s'appelle le bélier
Et n'est rien d'autre qu'un agneau
Avec un moteur de taureau.

Claude Meunier

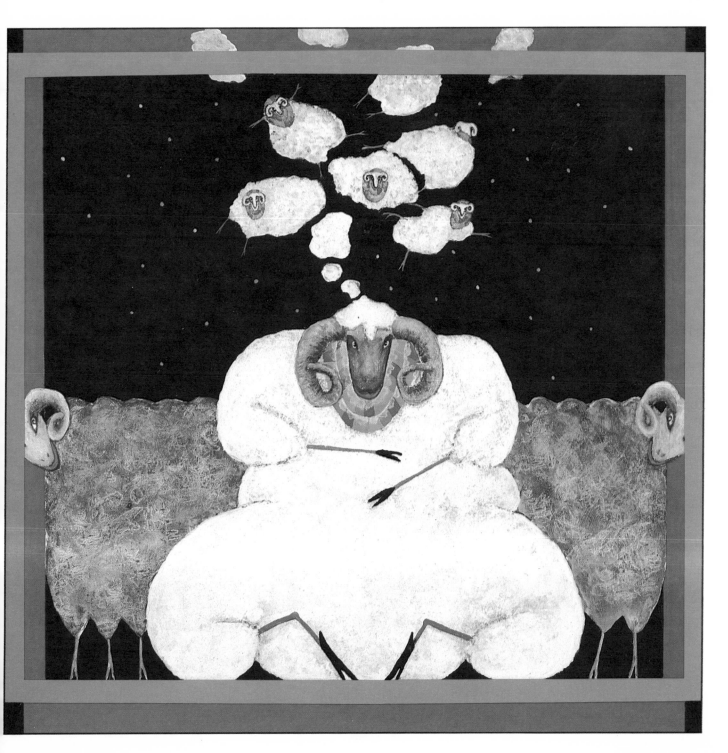

Céline Baril

·LA LICORNE·

Depuis qu'elle lit au lit
Les malheurs de Sophie
La licorne est aphone.

«Il faut couper la corne»
Dit le docteur Corneli
Appelé au téléphone.

«Je ne suis pas de cet avis»
Dit Sophie dans un cri
«De corne je n'en ai qu'une».

Youppi, elle est guérie
Elle a retrouvé sa voix
En sortant de la lune.

Elle saute de son lit
Elle gambade de joie
Comme une lionne à midi.

Oui, vous avez compris
Qu'elle s'appelle Sophie
Cette licorne-là!

Louky Bersianik

Claude Gauthier

·LE MORSE·

Les yeux fripés
L'air du rêveur qui se réveille
Le cou râpé
A dormir sur mes deux oreilles

Bain de glaçons
Ça me détend, me tranquillise
Pas de frissons
Je nage jusqu'à la banquise

Jamais d'entorse
J'ai le pied marin de velours
C'est moi, le morse
Paresse en pyjama poids lourd.

Jean-Marie Poupart

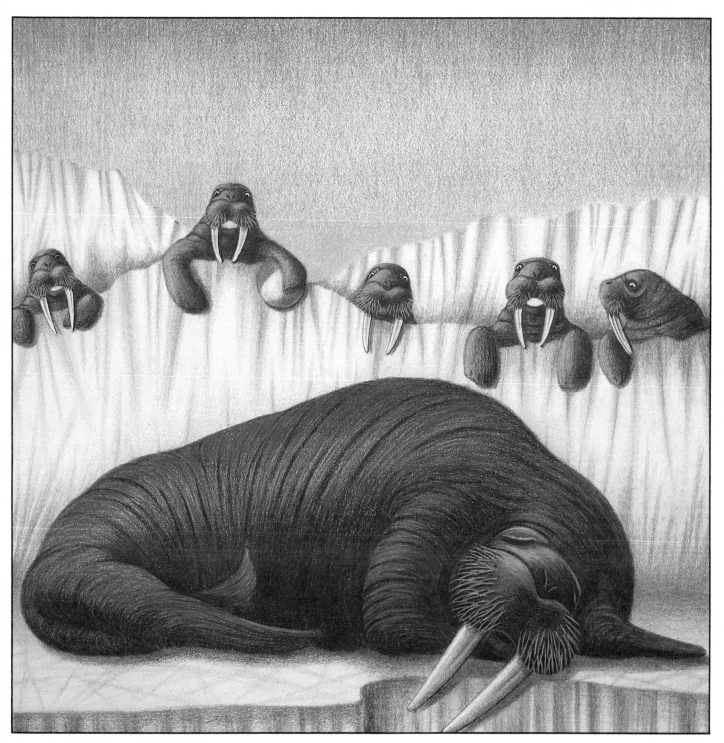

Luc Normandin

·L'OURS·

La grande ourse est
Bien propre
Elle baigne dans la rosée
De tout le ciel
Elle se lèche doucement
Les pattes
En regardant la terre elle
Grogne de bonheur
La grande ourse aime bien
La terre
Qui luit dans son ciel
À elle
Comme une oursonne
Blonde

Michel Garneau

Gérard Frischeteau

Achevé d'imprimer
sur les presses des Ateliers des Sourds Montréal (1978) inc.
le vingt-cinq août 1981